RÉUNION DES OFFICIERS

DE L'ENSEIGNEMENT
DE LA GÉOGRAPHIE

ENTRETIEN FAIT A LA RÉUNION DES OFFICIERS

Le 21 mai 1872

PAR M. BOURBOULON
OFF. DE RÉUNION

Prix : 75 centimes

PARIS
LA RÉUNION DES OFFICIERS

1872

ENTRETIEN

SUR LA GÉOGRAPHIE

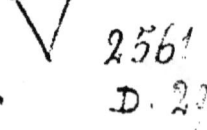
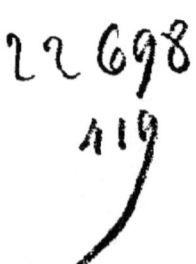

RÉUNION DES OFFICIERS

DE L'ENSEIGNEMENT
DE LA GÉOGRAPHIE

ENTRETIEN FAIT A LA RÉUNION DES OFFICIERS

Le 21 mai 1872

PAR M. BOURBOULON

CHEF DE BATAILLON

PARIS

A LA RÉUNION DES OFFICIERS

RUE DE BELLECHASSE, 37

1872

ENTRETIEN

SUR LA GÉOGRAPHIE

Messieurs,

Depuis les derniers événements, le pays tout entier a proclamé la nécessité d'une réforme dans l'enseignement public, et cette réforme semble devoir porter sur l'étude de la géographie et des langues vivantes, si négligées dans nos établissements scolaires de tous les degrés. De même, dans notre propre instruction, à nous autres officiers, nous avons pu constater que ces deux ordres de connaissances n'étaient pas suffisamment en honneur. Aussi dans l'armée, comme dans l'Université, semble-t-on disposé à faire de grands efforts pour combler ces grandes lacunes.

Je ne veux pas, messieurs, discuter ici les causes de cette infériorité si caractéristique de la nation française. Elle tient à des défauts inhérents à la race qui ont produit notre éducation actuelle. De plus, par une conséquence bien naturelle, ces études n'étant pas en honneur parmi nous, il n'a pu se former encore, pour leur enseignement, ni des corps de doctrines ni un personnel de professeurs, pas même un matériel d'enseignement.

Ce que je veux constater, en me référant à la géographie

militaire, dont je dois vous entretenir ce soir, c'est que l'enseignement de cette branche des sciences militaires est des moins développés. Non pas, messieurs, que nous prêtions grande importance à ces récits de bévues géographiques considérables que le public prête à quelques-uns d'entre nous. Non, messieurs, grâce à l'enseignement spécial donné à l'école militaire, grâce aux programmes de l'examen d'admission pour cette école, grâce surtout aux études d'histoire militaire que nous avons tous faites dans l'histoire des guerres de la Révolution, du Consulat et de l'Empire, ouvrage si considéré chez nous et si critiqué par les Allemands, la plupart des officiers français ont quelques notions sur les grandes lignes géographiques de l'Allemagne occidentale, de l'Italie septentrionale et de certaines parties de la France. Mais c'est tout, et vraiment vous serez de mon avis quand j'affirmerai que ce n'est rien pour une armée soucieuse de remplir sa mission, surtout pour les officiers qui sont destinés à commander et à remplir le service et les fonctions de l'état-major.

Je crois donc, messieurs, répondre au sentiment général de l'armée en disant que désormais la géographie militaire devra tenir, dans l'instruction de ses officiers, une place plus considérable et peut-être même dominante. Mais nous ne pouvons pas nous contenter, ce qui est souvent le défaut national, d'avoir posé cette affirmation, en laissant au hasard le soin de lui faire produire des résultats pratiques ; il faut enfin que plusieurs d'entre nous se préparent, concurremment ou par collaboration, à donner à la géographie militaire ce qui lui manque le plus : un personnel enseignant, des traités et des cours.

Je me suis proposé, messieurs, dans cet entretien, de fixer avec vous, si c'est possible, les principes sur lesquels nous devons poser cette étude désormais rationnelle et complète de la géographie militaire. Pour arriver à ce but, je vais examiner avec vous les points suivants : Quel est le domaine de la science géographique? Qu'est-ce que la géographie militaire? Comment l'avons nous enseignée jusqu'à ce jour, et comment est-elle enseignée chez les nations voisines? Ces quatre points une fois discutés, je vous dirai quel est, à mon sens, le nouveau programme à introduire dans nos études, soit pour l'époque où notre réorganisation devra avoir atteint son développement normal, soit pour la période, peut-être encore assez longue, peut-être aussi bien délicate à passer, qui marquera la transition entre l'ancien et le nouveau régime.

Et d'abord, messieurs, qu'est-ce que la géographie?

C'est, n'est-ce pas, la science de la terre, de la terre sous tous ses aspects et dans ses rapports avec la race humaine qui l'habite. — De cette définition il suit qu'à chaque pas la science géographique est obligée d'emprunter le secours des autres sciences, sciences physiques et naturelles, sciences morales et politiques. Quand on la considère dans ce vaste développement, on voit tout d'abord que la géographie est une étude complexe, demandant une grande méthode pour être enseignée et même pour être définie logiquement dans ses diverses branches. Et si vous le permettez, messieurs, je vais essayer de vous donner une idée des connaissances que les géographes d'aujourd'hui, les Humboldt, les Ritter et les Petermann en Allemagne, les d'Avezac et les Levasseur en France, ont continué de faire entrer dans le domaine de la science géographique, dans laquelle ils ont brillé ou brillent encore.

Presque tous, messieurs, et c'est une subdivision qui m'a séduit, ont envisagé la géographie comme se pouvant décomposer en quatre principaux groupes de connaissances. Ces quatre groupes sont : la géographie mathématique, la géographie physique, la géographie politique et la géographie économique. Je vais passer en revue chacun d'eux et examiner l'ordre de connaissances qu'ils représentent et les différentes études qu'ils comportent.

1º La géographie mathématique, c'est-à-dire l'étude du globe terrestre dans ses rapports avec les autres corps célestes et les grandes lois de l'univers ou de la mécanique céleste, ainsi que sous le point de vue de sa condition géométrique particulière. C'est là, messieurs, une science très-nettement définie, science à part, qui est certainement des plus avancées et qui constitue la plus haute branche de la géographie. Si nous voulons savoir quelles sont les sciences auxquelles elle se réfère, nous trouvons de suite : 1º l'astronomie ; 2º la cosmographie ; 3º la géodésie. L'astronomie et la cosmographie renferment toutes les données sur lesquelles s'appuie la géographie mathématique. Quant à la géodésie, elle n'est qu'une application de la géographie mathématique, mais une application très-large et très-importante, en ce sens qu'une fois les principes de la configuration géométrique du globe bien connus, et avec l'aide des mathématiques, elle nous permet de représenter, dans leurs dimensions mathématiques aussi, et très-exactes, des portions plus ou moins vastes de la surface sphérique du globe. Sous ce rapport, la géographie mathématique devient absolument nécessaire à ceux d'entre nous à qui est plus particulièrement réservée la confection des cartes, et c'est la science mère des ingénieurs géographes, que je voudrais voir réinstituer parmi nous à l'état de corps spécial et homogène, m'associant, sous ce rapport, aux conclusions d'un remarquable entretien que vous avez entendu dernièrement.

Dans de telles conditions, il n'est pas étonnant que cette science de la géographie mathématique constitue presque tout le programme du cours de géographie de notre école d'état-major, cours professé, comme beaucoup d'entre vous le savent, avec une remarquable distinction par le professeur qui en est chargé.

J'arrive maintenant à la géographie physique. De l'aveu de tous les maîtres, ce n'est autre chose que la connaissance de la conformation matérielle et physique du globe et des rapports de cette conformation avec cet ensemble de lois auquel on a donné le nom de physique du globe ; c'est-à-dire qu'elle embrasse l'étude des phénomènes physiques qui se remarquent dans l'atmosphère entourant le globe, l'étude de la surface même du globe et l'étude des phénomènes physiques qui ont présidé à la formation de la planète. Cela revient à dire que la géographie physique comprend, comme sous-divisions, la météorologie et la climatologie, puis la description de la surface terrestre ou géographie physique proprement dite, et enfin la géologie. Relativement à l'écorce terrestre, il faut remarquer qu'elle est constituée par une série de polyèdres ou plutôt d'angles dièdres et de prismes, les uns saillants, les autres rentrants, par rapport à la surface sphérique pure. Les premiers forment les reliefs ou orographie ; les deuxièmes forment les vallées où s'épanchent les eaux fluviales et les infiltrations des réservoirs d'eau internes, formant aussi les dépressions que recouvrent les eaux océaniennes, et leur étude s'appelle l'hydrographie ou science du régime des eaux. Je n'ai pas besoin de vous faire remarquer, messieurs, qu'entre ces trois branches de la géographie physique il y a une dépendance et un enchaînement tout scientifiques et dont la connaissance domine toute leur étude. Ainsi ce sont des phénomènes météorologiques qui ont produit le régime des eaux tel que nous le voyons. C'est la constitution intime du globe qui a produit, à la suite de diverses époques de formation, le relief qu'il possède à nos yeux ; et c'est ce relief lui-même qui a déterminé les directions et la distribution des eaux pluviales ou maritimes sur la surface terrestre.

Jusqu'ici, messieurs, nous avons eu l'habitude de n'envisager, dans la géographie physique, ainsi que je vous le disais tout à l'heure, que les particularités orographiques et hydrographiques, étudiées en elles-mêmes et indépendamment des réactions qui se sont produites entre ces particularités et les lois de la physique du globe. Et même, généralement, nous nous sommes contentés, dans l'étude de la géographie physique, d'une nomenclature plus ou moins aride, c'est-à-dire du nom et de la forme des montagnes, du nom des rivières, de leur direction et de l'énumération des agglomérations humaines construites sur leurs bords.

Notre troisième groupe, c'est celui de la géographie politique.

La géographie politique, c'est l'étude de l'influence que la conformation terrestre, avec toutes ses lois et tous ses incidents a eue sur la distribution de la race humaine sur la surface de la terre. Cette étude vient donc immédiatement après celle de la géographie physique. Là, cette dernière, en nous apprenant comment sont constitués l'enveloppe atmosphérique, l'écorce et le sous-sol de la planète, nous donne la clef de certains faits du passé et du présent qui ont dominé les migrations et les évolutions de la race humaine sur le globe qu'elle habite. A l'époque où les sciences physiques et naturelles étaient peu connues, on n'était pas à même de découvrir cette mystérieuse mais réelle relation entre les lois de la terre et les évolutions de ses habitants. On regardait tout cela comme la conséquence de faits historiques ou providentiels. Aujourd'hui toute cette théorie est renversée, et l'on rattache merveilleusement les effets historiques aux causes physiques et géographiques. Vous voyez, messieurs, que cette étude de la géographie politique est des plus vastes. Et il ne faut pas perdre de vue cette considération, qui en domine toute l'économie, c'est que, dans la distribution de la race humaine sur le globe, il y a des faits du passé et des faits du présent : les premiers doivent être étudiés en même temps que l'exposé des relations qui ont existé entre les diverses aggrégations humaines : tribus, cités, nations, c'est-à-dire en même temps que l'histoire ; et quand on étudie la géographie politique du passé, on fait tout simplement de la géographie historique, branche de la science géographique que nous possédons généralement assez bien en France.

Quant à la connaissance de la distribution de nos semblables sur le globe à l'époque actuelle, à la description des frontières artificielles ou naturelles dans lesquelles sont renfermées les diverses races et les diverses nationalités, d'après les dernières conventions politiques appelées traités ; quant aux aperçus sur les dernières institutions qui sont l'organe de la vie publique, politique et sociale, intérieure et extérieure des nations et des peuples, cela constitue la géographie politique actuelle, et suivant les divers aspects que nous venons de lui trouver, elle s'appellera géographie politique, ethnographie et géographie administrative. Et, pour son enseignement, elle s'appuiera sur les sciences anthropologiques et sur les sciences statistiques.

Il ne me reste plus, messieurs, qu'à définir et à subdiviser le quatrième groupe des sciences géographiques, celui que nous avons appelé la géographie économique. Celle-là, c'est l'étude des rapports qui existent entre l'humanité et les moyens de subsistance qu'elle retire de la terre ; c'est l'étude des œuvres que l'industrie humaine accomplit à l'aide des forces et des moyens que la terre lui a fournis de tout temps.

Dans cet ordre d'idées, voici l'enchaînement logique des études que comprend la géographie économique. D'abord, il faut s'occuper de la géographie agricole, puisque l'agriculture constitue le premier, le plus nécessaire et le plus intime des rapports de l'homme, avec la terre. Là, la botanique et la zoologie doivent fournir les principes et les bases. La géographie agricole montrera de quelle façon les lois de la géographie physique, climats, configuration du sol, qualités du sous-sol, réagissent sur le dosage et la modalité des produits. Puis viendra la géographie minérale, nous montrant l'homme aux prises avec la terre, non pas pour la forcer à créer une substance se renouvelant à chaque instant par la reconstitution de ses éléments chimiques et par l'action des lois physiques, mais pour en extraire une substance à la création de laquelle, lui, l'homme, est complétement étranger. Là, la géologie doit être appliquée à chaque instant, en faisant connaître comment les substances minérales sont distribuées dans les différentes roches qui se sont superposées à la suite des convulsions du globe.

Une fois tous ces matériaux mis à la disposition de l'homme, il s'agit de savoir comment il les met en œuvre par son industrie, et c'est à la géographie industrielle de nous dire en quels lieux et comment cette industrie s'exerce ; c'est à elle de nous apprendre en quel sens la configuration de la surface, le régime des eaux et la climatologie ont influencé le développement et la distribution des industries humaines.

Et puis encore, comme ce n'est pas tout d'avoir fabriqué les produits, et qu'il faut encore les échanger, nous avons à apprendre la géographie commerciale, qui tient à la géographie politique, à la géographie administrative, et qui va nous enseigner quels sont les instruments de circulation que la nécessité des échanges a fait créer par l'humanité pour faire circuler ses produits. C'est elle qui doit nous faire connaître les voies terrestres, les voies ferrées, les voies navigables, fluviales et maritimes, les ports, les grands entrepôts, la spécialité des produits qui s'y emmagasinent ou qui s'en expédient, et enfin la théorie du grand moyen facilitant les échanges, les monnaies. Là, comme vous le voyez, la géographie commerciale aura de grands emprunts à faire à la géographie physique, sous le rapport de l'orographie et de l'hydrographie ; car le régime des eaux et le relief du sol sont les grands facteurs en fonction desquels les hommes ont tracé les diverses voies de communication dont nous parlions tout à l'heure, et cette dépendance de la géographie commerciale vis-à-vis de la géographie physique est tellement grande que nous sommes presque portés à dire que l'étude topographique des voies de communications humaines rentre dans la géographie physique, où elle suit l'étude de l'oro-hydrographie, et qu'ensuite la géographie commerciale reprend cette étude toute créée pour étudier de quelle façon les voies de communication déjà connues sont employées par le commerce et par l'industrie.

Vous le voyez, messieurs, je viens de vous exposer une définition et une subdivision de la science géographique, qui peut-être a lieu de vous paraître considérable. Jusqu'à ce jour, nous avions fait en France un peu de géographie historique et un peu de géographie physique. Quant au reste des branches de la géographie, c'est tout au plus si nous en avions quelques idées, puisées généralement dans les histoires de voyages et dans les publications illustrées. Et ces idées sont tellement peu méthodiques que la plupart d'entre nous auraient bien de la peine à en faire une synthèse scientifique. C'est cependant là qu'il faut tendre ; c'est là le programme qui va nous être tracé ; c'est celui que recommandent nos plus autorisés géographes ; c'est enfin celui qui sert à l'éducation géographique des nations voisines, au-dessous desquelles il ne faut pas que nous restions plus longtemps.

Jusqu'ici, et vous l'avez peut-être remarqué, messieurs, je

ne vous ai pas parlé de la géographie militaire. Que cela ne vous surprenne pas! J'ai une trop haute idée de notre art et aussi de la science géographique pour m'imaginer, comme beaucoup de personnes ont l'habitude de le faire, qu'il y a une géographie militaire comme il y a une géographie historique, une géographie mathématique ou une géographie physique. Même généralement, je dois l'avouer, on se figure que cette dernière connaissance, je parle de la géographie physique, en y joignant les descriptions des campagnes, constitue la véritable et la seule géographie militaire. C'est là une erreur profonde, selon moi, et une erreur primordiale qui a eu des résultats funestes, en ce sens qu'elle a circonscrit les études géographiques dans notre armée au point de nous établir vis à-vis des autres armées à l'état d'une infériorité colossale. Ainsi lorsqu'on a décrit les thalwegs et les ceintures des bassins de la France et de l'Europe centrale, les places fortes qui s'y rencontrent et les lignes de démarcation politiques artificielles ou naturelles qui les partagent ; quand on a cité les principales campagnes qui y ont eu leur théâtre, — et généralement on ne sort pas de celles de la Révolution et de l'Empire ; — quand on a fait tout cela, on se figure avoir professé ou avoir fait connaître la géographie militaire! Il n'en est pas ainsi, messieurs, dans la réalité ; et d'accord avec les géographes modernes, conformément aux idées qui ont cours dans les armées étrangères, je vais vous dire ce que j'entends par géographie militaire.

Pour moi, ce n'est rien moins que l'application de la géographie militaire tout entière aux sciences militaires et à l'art de la guerre. — Et remarquez, messieurs, que je dis avec intention les sciences et l'art militaires. C'est qu'en effet il y a des sciences militaires, c'est-à-dire des applications des sciences exactes, des sciences mathématiques, physiques et naturelles, aux engins matériels dont dispose la puissance militaire d'un peuple ; c'est-à-dire que dans les armées on applique les sciences telles que la physique, la chimie, la mécanique, les mathématiques pures, — et ces applications s'appellent : la fortification, la balistique, la géodésie, le tracé des cartes, le levé des plans, la fabrication des armes, des munitions; la construction des édifices militaires; le tracé des routes stratégiques; la télégraphie et les chemins de fer de campagne.

Puis il y a encore l'art de la guerre, c'est-à-dire la mise en œuvre de toutes ces sciences adaptées aux moyens matériels, qui sont les auxiliaires des armées, et aussi l'art de la conduite des armées, et c'est à bon escient que cela s'appelle un art. Car, messieurs, il faut le dire bien haut, les procédés par lesquels on fait mouvoir les masses d'hommes armés pour les jeter au combat les uns contre les autres, entrent complétement dans le domaine de l'art, et non dans celui des sciences. Tout y est relatif, tout y est variable. Chaque capitaine a sa manière; chaque époque a ses principes. — Tel précepte qui a réussi en s'appliquant à une époque ou à une région données, avec une armée donnée, devient nuisible à une autre époque, sur un autre théâtre d'opérations, et avec une armée autrement organisée. L'art militaire ne connaît que des procédés; il est soumis à des variations profondes suivant les temps et suivant les hommes, suivant les lieux. Tout y est expérimental, et on n'y rencontre ni axiomes, ni théorèmes, ni abstractions. Quelle est la raison de cette particularité? C'est que dans l'art de la guerre on agit avec des hommes autant qu'avec la matière, c'est-à-dire avec des êtres organisés, ayant un système nerveux, impressionnable, une autonomie de sentiments et des instincts, c'est-à-dire avec des êtres échappant aux lois du calcul et de la méthode, qui ne peuvent s'appliquer à des individualités pensantes et organisées. En résumé, dans la conduite de la guerre, il y a autant de manières de concevoir un plan de campagne et de livrer une bataille qu'il y a eu de campagnes et de batailles; de même il y a autant de procédés de peinture qu'il y a de peintres et de tableaux. Au contraire, il n'y a qu'une seule action, et cette action est éternellement la même, celle des lois de la matière. — Ainsi il n'y a qu'une seule résistance des matériaux; il n'y a qu'une seule loi sur le mouvement des mobiles dans l'air; — il n'y a qu'une seule expansion des gaz; — il n'y a qu'une seule théorie des plans cotés; — qu'une seule électricité dynamique; — une seule vapeur, etc., etc. Tout cela revient à dire que la science est une, que l'art est multiple. Et c'est une grossière erreur que de vouloir poser des principes et des abstractions en art militaire, parce que l'expérience prouve que les préceptes et les sentences ont eu autant de confirmations que de démentis.

Eh bien, messieurs, pour en revenir à la géographie militaire, qui nous occupe, — vous allez voir tout de suite de quelle façon elle s'amalgame avec les sciences et l'art militaires. Il s'agit, après tout, de conduire les armées sur la surface terrestre par les voies de communications tracées sur cette surface, et au milieu des obstacles que le relief du sol ou le régime des eaux opposent à la marche des hommes, des chevaux et des voitures. Il s'agit de les faire évoluer dans des régions données, de disputer avec elles la possession de certains points dont l'importance stratégique découle des conditions topographiques, politiques ou économiques qui s'y rencontrent. Il s'agit de revêtir de la puissance militaire certains autres points dont le choix se détermine en vertu de ces mêmes conditions. Il s'agit de faire vivre les armées à raison des conditions économiques des contrées où elles opèrent. Il s'agit enfin de combattre sur des portions de la surface terrestre où les accidents du sol déterminent les moyens tactiques à employer. Voilà l'art militaire, n'est-ce pas? Eh bien, je viens de vous le montrer, messieurs, à chaque pas dans la guerre, on se voit obligé de se guider d'après des indications et des faits qui ne peuvent être fournis que par la géographie considérée comme nous l'avons fait, dans son vaste ensemble, avec toutes ses branches. Ce qui prouve que la science géographique doit être familière et doit avoir été approfondie non-seulement par les chefs d'armée et les chefs supérieurs, mais encore par ceux qui ont mission d'assister ces derniers dans leur commandement, par les officiers d'état-major.

Et maintenant, messieurs, remarquez bien combien cette science géographique est fertile en applications militaires. Revenons aux quatre groupes dans lesquels nous l'avons divisée tout à l'heure. — Il n'en est pas un seul qui ne soit nécessaire pour l'art de la guerre. — Ainsi la géographie mathématique est indispensable aux officiers chargés de dresser les cartes topographiques, sans lesquelles les opérations des armées et les travaux de défense n'auraient aucune précision. — La géographie physique, en tant qu'elle initie à la connaissance du relief terrestre et du régime des eaux, donne la clef de ce qu'on nomme l'échiquier stratégique des diverses régions de la terre; elle en fait connaître les propriétés offensives ou défensives; elle fait apprendre les communications de toute sorte qui les sillonnent et qui sont comme les artères de la surface terrestre. Elle apprend aussi la science géognosique, qui permet de déduire les formes d'un terrain dont on ne peut approcher, en fonction des données géologiques et orographiques que les cartes ou la vue mettent à notre disposition. Elle permet enfin de décider de l'emplacement des lignes de défense ou des points fortifiés, en raison des obstacles que ces lignes et ces points peuvent opposer à la marche des armées.

La géographie politique, elle aussi, en tant que géographie

2

historique et administrative, a de larges contacts avec l'art de la guerre. C'est elle qui nous apprend dans quelles conditions les peuples, dans leurs rapports nationaux, c'est-à-dire dans les guerres et les invasions, la plupart du temps, ont réagi les uns sur les autres et se sont disputé les portions de la surface terrestre. C'est elle aussi qui nous fait connaître la statistique administrative ou les éléments de la puissance et de la vitalité des peuples, c'est-à-dire les organisations civiles, militaires, religieuses et politiques, etc... toutes choses dont l'homme de guerre est obligé de tenir compte ou de se servir dans les campagnes offensives.

Jusqu'à la géographie économique, enfin, avec son étude de l'influence du sol sur les productions agricoles ou industrielles, sur le commerce des peuples et leurs moyens d'échange, qui est indispensable aux administrateurs militaires et même un peu aussi aux chefs militaires, car ces données-là, d'où dépend la vie des soldats, doivent entrer en ligne de compte dans les calculs d'un stratégiste, surtout avec les grandes armées que l'on mobilise aujourd'hui.

En résumé, je conclus, et j'espère, messieurs, que vous ratifierez mes conclusions, que, dans les armées modernes, la science géographique, dans tout son entier, doit être familière à une partie des officiers, à ceux entre autres qui doivent recruter un jour les chefs militaires, aux officiers des armes spéciales et des états-majors, et enfin aux administrateurs. — Pour les autres, la connaissance de la géographie physique et politique de la France d'abord et de l'Europe ensuite est une nécessité professionnelle moins exigible, mais elle est toujours utile. Bref, si vous me permettez cette combinaison de mots, je dirai que la géographie militaire n'est autre chose que la géographie étudiée par les militaires.

Et maintenant, messieurs, après vous avoir démontré la portée considérable de la géographie militaire, j'arrive à cette partie de mon entretien où, comme je vous l'ai précédemment annoncé, nous devons examiner ensemble de quelle façon se donne, dans notre armée, l'enseignement de cette géographie militaire. Vous savez d'avance que je n'aurai pas un tableau bien brillant à vous développer. Mais ce tableau, il faut le tracer tel qu'il est, car nous ne nous réformerons et nous ne nous perfectionnerons pratiquement qu'après avoir proclamé bien haut que nous étions insuffisants.

Prenons, si vous le voulez bien, le jeune homme qui a terminé ses études et se présente aux examens de l'école militaire. Pendant ses classes, vous savez que l'étude de la géographie a été, comme les langues vivantes, une sorte de hors d'œuvre. Son professeur d'histoire, plus ou moins bon géographe, a dû, à mesure qu'on lui apprenait l'histoire ancienne ou moderne, lui indiquer les limites et la distribution géographique des empires dont on lui racontait la chute ou l'élévation. En ce qui touche l'histoire de France, on lui faisait indiquer, par des croquis, les développements successifs de l'unité nationale, depuis la chute du proconsulat des Gaules jusqu'à la Révolution. — Tout cela, il l'oubliait vite, et ce qu'il avait le mieux retenu, parce qu'il l'avait appris à l'âge où les impressions mnémotechniques sont durables, c'étaient les nomenclatures vieillottes, à la manière des géographies de l'abbé Gaultier. Il savait, par exemple, admirablement que l'Ain avait pour préfecture Bourg et pour sous-préfectures Gex, Belley, Nantua, Trévoux, parce que c'était le premier département français par ordre alphabétique. Si vous lui parliez Pologne, il répondait vite : Villes principales : Varsovie, Cracovie, Lublin. Mais il ignorait le caractère montagneux du département de l'Ain ; il ne connaissait pas cette énorme surface des étangs des Dombes ; il ne soupçonnait pas le caractère planiforme de la Pologne, son sol boueux, ses immenses forêts; il ne savait pas que cette nation avait mérité d'être rayée de l'Europe autant par ses fautes politiques que par l'irrégularité de sa constitution géographique et ethnographique.

Ce jeune homme, très-ignorant en géographie, s'il est très-instruit en grec et en latin, va se présenter à une de nos grandes écoles militaires, entre dans une classe de préparation spéciale, et là on lui fait apprendre, ou du moins, on est censé lui faire apprendre les matières d'un programme d'admission bien ambitieux, car il comprend tout uniment, la géographie physique et politique du monde entier. Vous comprenez d'avance ce qui va se passer... La géographie, dans l'examen, n'étant pas une des facultés à gros coefficient, privilége qu'elle partage avec les langues vivantes, l'élève l'apprend aussi peu que possible ; à l'examen, celui qui mérite la palme, c'est le candidat qui sait dessiner au tableau un département français sous la forme d'un quadrilatère en long ou en large, déterminé par une ligne capricieuse, au milieu de laquelle on enserre la position plus ou moins exacte de la préfecture et de la sous-préfecture, ou bien encore on lui fera dessiner la ligne de partage des cours d'eau de l'Europe, au moyen d'un gros trait qui figure partout des montagnes, et sans se préoccuper de ce fait que la moitié du temps, les lignes de partage ne sont pas sur les sommets élevés des chaînes, et que même elles sont souvent constituées par des plaines ou des ondulations sans caractères. Quant à ce qui est du reste de la géographie physique et politique, de la physique du globe, des voies de communication, toutes choses qui rentreraient cependant dans ce vaste programme, et qui ne dépassent pas l'intelligence et la portée d'esprit d'un jeune homme de dix-huit ans, il n'en est pas naturellement question.

Arrivé à l'école militaire, notre élève suit en première année un cours de géographie et de statistique militaires. Le titre est encore pompeux, mais, hélas! la matière est loin d'être suffisamment traitée, à cause du peu d'heures qu'on y consacre, et malgré le talent bien connu de professeurs, comme Lavallée, nôtre ancien maître, comme le savant officier qui est son successeur, comme il faut trouver du temps pour dessiner des calorifères comme il ne s'en fabrique pas et des usines à gaz fantastiques, pour apprendre la théorie des mouvements mécaniques, à laquelle personne ne comprend rien, pour faire l'essai du point brillant de la sphère ou de l'ombre d'un tore, qui est généralement exécuté par voie de décalque; comme il faut trouver du temps pour toutes ces niaiseries des cours scientifiques de première année, on se contente d'une trentaine de leçons pour enseigner ce vaste et nécessaire programme. Ce programme, messieurs, je l'ai sous les yeux, c'est celui de l'année 1870-1871, par conséquent, juste avant la guerre; non-seulement je l'ai trouvé un peu vieillot comme idées et comme principes, mais il m'a semblé que, forcé de se restreindre au nombre de leçons fixé, il était généralement bien écourté.

Ainsi, messieurs, sans faire allusion à certaines allégations aujourd'hui contredites par l'expérience ou les faits, par exemple, l'importance de la place de Saarlouis qui n'en a aucune, parce qu'elle ne défend pas la communication par voie ferrée, et aussi de celle de la place de Landau, qui va être démolie, tellement elle en a peu; sans m'apesantir sur des détails de ce genre, jai constaté dans ce programme qu'à propos des bassins de l'Elbe, du Danube et de celui du Mein et de la Werra, il n'était aucunement question de la guerre de 1866. Il est donc probable que dans cet enseignement où il n'est question que des campagnes de l'Empire, on suppose que les obstacles géographiques sont toujours les mêmes qu'à l'époque impériale, et que quand on parle aux élèves du Thüringer-Wald, par exemple, à propos des bassins de l'Elbe ou de la Werra, on leur énumère les trois fameuses routes dont on se servait en 1806 pour franchir cette rive montagneuse, tandis qu'aujourd'hui, et je le sais pour les avoir comptées moi-même sur place, il y a soixante-cinq routes de voitures traversant le Thüringer-Wald, depuis Lisnach jusqu'à Plauen.

Autre lacune bien saillante dans ce programme, je n'y ai pas rencontré une seule mention de chemins de fer ! J'aime à croire que le professeur, dans ses leçons, répare ce regrettable oubli ; mais enfin laissons ces particularités de côté et voyons un peu sur quoi roule le programme. Nous trouvons d'abord trois leçons sur la géographie physique et politique de l'Europe ; on y donne quelques aperçus sur les grandes divisions du continent européen, sur sa condition ethnographique et sur la statistique des diverses régions qui le composent. C'est peu, mais enfin cela est plus que le bagage ordinaire d'un homme du monde français. Viennent ensuite cinq leçons sur la géographie physique de la France, c'est-à-dire sur les connaissances du sol national, de celui que l'armée a la mission de protéger contre les invasions. Vous avouerez que c'est bien modeste en cinq leçons, et comme elles ne durent, je crois, qu'une heure un quart, comment voulez-vous que le professeur, malgré tout son talent et tout son savoir, puisse faire connaître suffisamment le relief de notre sol, le régime des eaux, le tracé géographique des voies de communication, et donner quelques détails, ce qui ne nuirait jamais, sur la physionomie pittoresque des diverses régions qu'il décrit ? Or, messieurs, il ne faut pas perdre de vue que rien n'obligera par la suite l'officier à qui l'on donne cette instruction écourtée, à la perfectionner ni même à la conserver ; de sorte qu'au bout de quelques années il y a à craindre qu'il ne sache même plus les abrégés qu'on lui a enseignés à Saint-Cyr, et l'on aura des hommes importants complétement ignorants de la configuration du sol national. Continuons l'examen du programme.

Une leçon, la neuvième, toujours de une heure et quart, passe en revue la géographie politique et administrative de la France ; le titre effraye, mais rassurez-vous, il n'est question que du fonctionnement des services publics et de leur organisation par rapport au territoire. Vous voyez d'ici quelle idée pourra avoir notre élève de cette organisation, si complexe et si importante à la fois, de nos services publics, avec laquelle un jour, comme chef, il pourra avoir à compter, qu'il côtoiera perpétuellement dans la vie militaire, et que peut-être un jour il sera appelé à diriger !

Voilà tout pour la France ! Je me trompe ; il y a encore trois leçons pour les frontières de terre et une leçon pour les frontières maritimes. Cela est bien, et si ces leçons sont bien faites, l'élève aura une idée plus développée de la forme physique vers les zones frontières que pour le reste du territoire. C'est bien là ce qui doit être ; car cette zone est celle où se passent les premières opérations, celles souvent qui décident de l'issue de la campagne. Il y a enfin deux leçons sur l'Algérie, ce qui paraît relativement suffisant.

Après la géographie de la France vient la géographie de l'Europe, dont on étudie les bassins continentaux. Il y a pour cette étude une série de quatorze leçons. Et, comme je ne suis pas plus exigeant qu'il ne faut, je me contente, pour la majorité des officiers, de ce bagage géographique, en ce qui concerne l'Europe. Je suis même convaincu que, si tous parmi nous continuaient à posséder cet enseignement de l'école, il n'y aurait rien à envier aux officiers des pays voisins. Il y a plus, grâce à la corrélation du cours d'art militaire avec celui de géographie, grâce aux croquis que l'on fait exécuter aux élèves, grâce à l'étude de l'histoire de la Révolution et de l'Empire et de son atlas, qui est l'étude favorite des officiers, nous nous trouvons bien au-dessus de nos concitoyens, au point de vue du bagage géographique.

En résumé, messieurs, jusqu'ici, insuffisance relativement à la géographie physique du globe et de l'Europe, et de la géographie économique ; quelques idées seulement sur le sol national et son organisation au point de vue des services publics, ce qui cependant devrait nous toucher plus que le reste ; et enfin suffisance de l'enseignement de la géographie physique de l'Europe centrale.

Mais, messieurs, en faisant cet inventaire, je ne me suis préoccupé évidemment que du savoir nécessaire au jeune homme devant être admis dans l'armée comme officier, et non pas de ce que doivent connaître les chefs supérieurs, les officiers d'état-major, leurs coopérateurs, et les administrateurs militaires. Relativement à ces derniers, je les laisse de côté, en reconnaissant qu'il n'a jamais été question d'exiger d'eux des connaissances en géographie économique, qui cependant me paraissent indispensables à la pratique de leur profession.

De même pour les chefs militaires, ce n'est pas à moi à traiter une pareille question. Je demanderai seulement qu'il soit bien acquis que les connaissances géographiques leur sont bien utiles, car à la guerre on est souvent dans l'imprévu, et les connaissances acquises valent mieux que les indications du moment, sur lesquelles on compte pour se débrouiller.

Mais, pour les officiers d'état-major, ceux qui doivent

assister le commandement dans la préparation et dans l'accomplissement du plan de campagne, ceux qui sont chargés des investigations topographiques, il est indispensable qu'en dehors des connaissances de géographie mathématique qui se reportent à la géodésie et à la construction des cartes, ils aient fait des études très-développées de géographie physique, politique, économique, surtout qu'ils connaissent imperturbablement le réseau des communications en France et dans l'Europe centrale.

Cela n'a pas besoin d'être démontré, n'est-ce pas? Et vous ne me ferez pas cette objection, qui m'a été adressée récemment par un militaire haut placé, c'est qu'avec de bonnes cartes, quand on est à même de les lire, on en saurait toujours assez au moment de faire la guerre. Ce sont là des idées fausses et dangereuses, car la stratégie et la préparation des guerres ne se font pas seulement en fonction du relief du sol et des accidents topographiques relatés par les cartes. Il faut pour cela une vue d'ensemble antérieure sur de grands espaces terrestres ; il faut connaître les procédés employés par les devanciers sur ce même terrain. Avec une carte on ne voit d'ailleurs qu'une seule portion de terrain, on ne peut pas juger l'ensemble. Enfin, en admettant même que presque tout le monde pût se contenter des cartes, celles-ci peuvent manquer ou être incomplètes, et les chefs militaires, qui seuls auraient besoin d'une instruction plus vaste, ne se recrutent que parmi la généralité des officiers.

Donc, comme conséquence pratique de ce que je viens de dire, nécessité absolue pour les officiers d'état-major d'être versés, plus que tous les autres, dans la science géographique.

Il s'agit maintenant de voir où nous en sommes sous ce rapport.

J'ai sous les yeux le programme des cours de notre école

d'application d'état-major. J'y trouve la matière de l'enseignement géographique distribuée entre les deux années d'étude. Il y a d'abord en première année un cours d'astronomie et de cosmographie qui, joint à celui de géodésie, constitue une étude très-sérieuse et très-complète de la géographie mathématique.

En deuxième année a lieu un cours de géographie physique. Il commence par une description de la surface du globe et par l'étude de ses divisions ou lignes naturelles. C'est bien là de la bonne géographie physique ; mais je ne crains qu'une chose, c'est que le savant professeur à qui ce cours est aujourd'hui confié n'ait pas le nombre de leçons suffisant pour la développer. Ensuite viennent cinq leçons de géographie militaire, cinq leçons pendant lesquelles on doit étudier l'influence des divisions naturelles sur les divisions politiques ; les frontières de la France, les points et les lignes stratégiques ; les défenses naturelles et artificielles, et enfin la géographie de l'Algérie.

Vous voyez d'ici, messieurs, l'importance de pareilles études, et vous vous étonnez qu'un pareil bagage de connaissances géographiques soit enseigné en cinq leçons à des officiers d'état-major ; je partage votre étonnement et je me dispense d'insister à ce sujet.

Le reste du cours contient des données très-intéressantes sur des questions de statistique, un petit abrégé d'économie politique en une leçon, de géographie économique ; d'études particulières sur les voies de communication, sur les chemins de fer, il ne paraît pas en être question.

En résumé, cet enseignement-là n'est suffisant que s'il est développé par les travaux subséquents des officiers, études qui auront d'autant plus de poids qu'elles auront été accomplies par des hommes faits, ayant de l'expérience et de l'observation. Or, s'il en était toujours ainsi, tout cela serait pour le mieux; malheureusement il n'en est pas toujours ainsi, et cela parce qu'il n'existe pas dans nos mœurs militaires de sanction ou d'encouragement suffisants pour amener l'officier à améliorer son instruction théorique et pratique. — Enfin, messieurs, il manque à l'enseignement de la géographie fait aux officiers d'état-major français un complément : c'est le voyage d'état-major. Plus tard, quand nous étudierons le système d'enseignement des Allemands, nous pourrons nous étendre sur ce sujet.

Je termine cette troisième question par la considération suivante. Dans tous les cours de géographie faits dans notre armée, je vous l'ai dit, messieurs, j'ai été frappé de la mince part, quand il y en a une, faite à l'étude du réseau de communications, surtout des voies ferrées, dont l'importance n'est plus contestée par personne. Généralement on admet que cette connaissance de la viabilité terrestre est une des plus importantes pour l'officier d'état-major. — Je sais bien que celui-ci a ses cartes en campagne; mais, encore une fois, les cartes ne donnent pas l'ensemble des régions, et, par exemple, pour étudier la voie ferrée reliant deux points aussi rapprochés que Nancy et Grey avec ses tronçons, il faut 12 feuilles de la carte au 1/80000.

Du reste, je vais vous montrer par un exemple combien dans notre métier il est essentiel de ne pas se fier à l'improvisation, et d'étudier tout en général et en détail, de manière à ne laisser que le moins possible à l'imprévu, surtout au milieu de circonstances critiques où les trois quarts et demi des hommes perdent la tête et la présence d'esprit.

Dans cet exemple, je prends l'étude des chemins de fer, de leur rôle en campagne. Je suppose que nous nous retrouvons en 1870, au lendemain du désastre de Wœrth. Quelle préoccupation doit-on avoir, à ce moment, par rapport aux voies ferrées? Naturellement ce sera d'en interdire à l'ennemi l'usage pour ses propres opérations. Eh bien, qu'arrive-t-il dans le cas où les personnages chargés de détruire les chemins de fer n'ont pas étudié leur tracé en grand et géographiquement?

Il arrive ceci, c'est qu'au moment de la retraite et pendant qu'elle s'effectue, les officiers prendront leurs cartes du pays qu'ils traversent : ceux du 5ᵉ corps verront la portion de la ligne de Lemberg à Bitche, construite en longues et profondes tranchées, et ils songeront à la détruire en faisant sauter ces tranchées; ceux du 1ᵉʳ corps verront sur la feuille du 80 millième les tunnels d'Arschwiller, de Saverne et du Haut-Barr, et le viaduc de la Zorn. — Les voilà embarrassés : entre tant d'ouvrages lequel choisir, car ce serait de la barbarie de les détruire tous, — puisqu'il n'est pas plus long, quand on a suffisamment de chantiers, de refaire provisoirement dix ouvrages que d'en faire un seul. Ainsi lequel de ces ouvrages faire sauter, en admettant que les fourneaux soient prêts? Plus loin, les officiers du 7ᵉ corps, en se retirant de Belfort sur Chaumont, verront la ligne de Nancy-Gray qui opère la communication entre la Moselle et la Saône; mais sur leur parcours ils trouvent plus de vingt grands ouvrages d'art, les viaducs de la Moselle, ceux de Xertigny, celui de Blainville, les tranchées de Douxnoux, etc., etc. Où couper la ligne? Tout le monde, vous le voyez, sera embarrassé, car on risque de faire sauter un ouvrage qu'on contournerait ou qu'une charpente à l'américaine, avec armature en fer, aurait remplacé en quelques jours. Voilà encore les officiers du 1ᵉʳ corps qui évacuent la Lorraine et entrent en Champagne; ils ont sur leur route les viaducs de Frouard, ceux de Liverdun, les tunnels de Foug, le viaduc de Fontenoy, etc., etc. Encore l'embarras du choix... et toujours l'embarras du choix. Et cela, parce que personne peut-être n'était fixé sur l'importance de la destruction de ces ouvrages au point de vue de l'interdiction à l'ennemi de l'exploitation de la ligne ferrée. Il y a bien les agents de la compagnie; mais, messieurs, eux aussi ont des chefs. Ces chefs, tous ne connaissent pas la question ; et, enfin, quand il s'agit de détruire la propriété des actionnaires, les agents de chemins de fer ont à se couvrir vis-à-vis de l'administration, et ils ne détruiront eux-mêmes que sur réquisition de l'autorité militaire. Si celle-ci ne connaît pas la question, il en résulte ce que vous savez, c'est que l'ennemi devient maître tout d'un coup, et sans autre obstacle que la place de Toul, située sur la ligne, de tout ce grand tronc de Wissembourg-Haguenau, Wendenheim, Nancy, jusqu'aux environs de Paris. C'est tout au plus si pendant la guerre on a détruit, grâce aux francs tireurs, quelques ponceaux insignifiants ou quelques arches de viaducs, réparées le surlendemain; mais ces destructions coûtent aux populations des amendes impitoyables et se chiffrant par millions; et elles n'ont jamais empêché la moindre circulation des trains allemands entre Paris et l'Allemagne.

Au contraire, messieurs, supposez maintenant que la géographie militaire est très-bien connue de tous; j'entends les chefs et leurs assistants; supposez que l'étude des voies de communication a eu l'importance qu'elle mérite. Il y aura eu un cours fait sur cette matière. Le professeur se sera entendu avec les ingénieurs qui ont construit la voie; il aura appris d'eux quels sont les tunnels qui peuvent être facilement contournés par des rampes roides et des rayons très-courts; ce qui peut s'admettre non pas pour le tracé des lignes à grande vitesse, mais pour les voies à transports de guerre. De même il aura reconnu avec eux les tranchées qui ne seraient pas facilement comblées par la mine, à cause du sol dans lequel elles sont creusées; il saura quels sont les viaducs qui ne peuvent pas être promptement réparés avec des charpentes; ceux qui peuvent se combler avec la terre des contre-forts de la voie ; il saura enfin que tout ouvrage ayant moins de 8 mètres de longueur en voie non terrassée peut être réparé en douze heures, quand on a amené le bois et les ouvriers qui se trouvent dans les sections de chemins de fer de l'ennemi. Alors dans son cours il aura communiqué tout cela à ses élèves ; il leur aura décrit les ouvrages d'art des lignes et la nécessité géographique de leur construction. De sorte que dans l'armée, pour revenir au cas particulier qui nous occupe, tout le monde, je parle des hauts personnages et de leurs assistants, saura que, pour couper aux Allemands la communication de l'Allemagne avec la Lorraine, celle de l'Alsace avec la Lorraine, celle de la Lorraine avec la Bourgogne, et celle de la Lorraine avec la Champagne, il fallait détruire les tranchées de Horbach, près de la station de Hombourg, ligne de Sarrebruck-Metz, le viaduc de la Zorn, ligne de Strasbourg-Nancy, le viaduc de Xertigny, ligne de Nancy à Gray, les viaducs de Liverdun, ligne de Nancy à Paris ; ils aurait su que des tunnels de Foug, l'un, le plus occidental, pouvaient être contourné ; que les tranchées de Lemberg-Bitche pouvaient être contournées facilement par Mouterhausen et Bormstein ; que les tunnels de Foug et de Tavannes devaient être gardés par des fortins, avec mission de ne les détruire qu'au dernier moment de la défense. De sorte qu'aujourd'hui, si pareil malheur nous arrivait encore, la destruction de deux viaducs et la construction de quatre fortins, c'est-à-dire une dépense de 4 millions, sauveraient les 250 millions d'ouvrages d'art de la ligne de l'Est, et empêcheraient l'ennemi de s'en servir pendant au moins trois mois, c'est-à-dire presque toute la campagne.

A la vérité, on pourrait peut-être me répondre que tout cela doit se régler avant la guerre, par une commission mixte, composée d'ingénieurs et d'officiers. — C'est en effet ce qui doit avoir lieu ; car, pour détruire des ouvrages, il faut avoir pratiqué des fourneaux dans les culées ou dans les pieds-droits des voûtes. — Mais je soutiens, messieurs, qu'il est nécessaire que tous soient initiés par l'étude de la géographie militaire à la connaissance de cette partie de l'art de la guerre. En effet, à la guerre, et surtout dans les circonstances critiques où de pareilles destructions doivent se réaliser, il arrive très-souvent que les gens spéciaux ou les corps spéciaux ne sont pas à leur place ou ne sont pas disponibles. — Dans ce cas, et surtout quand le temps presse, on ne fait rien, comme en 1870 ; si au contraire les travaux préparatoires ont été exécutés en temps de paix, le chef militaire qui bat en retraite n'a pas d'hésitation ; d'ailleurs, l'ennemi le suivant de près, il sait bien qu'un grand ouvrage d'art abandonné, et commandant le parcours de la ligne, ne se retrouvera plus intact ; il vaut donc mieux prendre sur soi sa destruction.

Vous me demanderez peut-être, messieurs, quel est l'état de l'enseignement géographique à l'école d'application de l'artillerie et du génie. Un professeur de cette école, interrogé par moi, m'a répondu qu'il n'y en avait pas. — Cette situation est typique, comme vous le voyez.

Et maintenant, chez les Allemands, nos maîtres presque toujours dans la science de l'organisation militaire et de l'éducation intellectuelle de l'armée, quelle est la base et l'étendue de l'enseignement de la géographie militaire? C'est ce que nous allons maintenant examiner...

Voyons maintenant de quelle façon on entend l'instruction géographique dans l'armée prussienne, celle qui attire aujourd'hui nos études les plus attentives, par-dessus toutes les autres puissances militaires de l'Europe. — D'abord je dois constater que le fondement de l'instruction géographique, c'est-à-dire son étude dans les établissements où s'instruit la jeunesse, depuis les écoles primaires jusqu'aux gymnases, est autrement sérieuse que dans notre propre pays. Si je pouvais, messieurs, vous montrer des documents qui m'ont été communiqués, je vous ferais voir que dans les trois dernières classes, les plus élevées de l'enseignement secondaire, le programme entier de la géographie, à peu près telle que je l'ai définie dans son ensemble, est exigé et qu'on l'enseigne concurremment avec les autres sciences qui en sont l'appui ou la base, c'est-à-dire la géologie, la cosmographie, l'histoire naturelle, l'histoire et l'anthropologie. De plus, vous savez que la plupart des jeunes gens qui un jour recruteront le camp d'officiers de l'armée prussienne sont élevés dans des écoles de cadets, où on leur donne une instruction semblable à celle des établissements universitaires. Or, dans ces écoles de cadets, depuis une réforme qui remonte, je crois, à 1807, on a encore développé le programme d'instruction géographique des gymnases, qui sont le pendant de nos lycées. — Il en résulte que, pour subir l'examen d'officier, l'élève des écoles militaires, celles où l'on passe six mois après avoir été *Fähnrich-porte-épée* ou après avoir été *avantageur*, il n'est pas nécessaire d'avoir suivi un cours de géographie. Le candidat répond à un interrogatoire portant sur le programme des connaissances universitaires ou de l'école des cadets, et s'il satisfait à cet examen, il est prouvé qu'il possède les connaissances géographiques requises pour aspirer à l'épaulette. Remarquez, messieurs, que de cette façon on admet en Prusse qu'il est inutile que tous les officiers aient une connaissance approfondie de la géographie physique et militaire, et cela pour deux raisons : la première, c'est que l'histoire militaire, qui est étudiée par les aspirants en très-grand détail, amène à une étude approfondie de la géographie physique des contrées européennes qui ont été des théâtres d'opérations. La deuxième, c'est que l'école de guerre devant appeler à elle tout ce qui, dans l'armée prussienne, fournira non-seulement le corps d'officiers d'état-major, mais aussi, par suite de l'organisation, la plupart des officiers supérieurs et généraux, il s'ensuit que les deux catégories des chefs et des officiers d'état-major, celles qui, avec les administrations, comme nous l'avons dit, sont tenues à un grand bagage de sciences géographiques, ont toutes passé par l'école de guerre, et comme nous le verrons à l'instant, dans cet institut, les officiers ont perfectionné leur instruction sous ce rapport. — Pour le reste des officiers, ceux qui n'iront pas à l'école de guerre, leur avenir est généralement restreint, et l'on regarde comme inutile d'exiger d'eux une somme de connaissances dont ils ne rencontreraient pas l'application dans la suite de leur vie militaire. Sous ce rapport, en comparant les officiers prussiens à la masse des officiers français sortis de l'école militaire ou admis à l'épaulette après l'examen exigé depuis 1854, il y aurait avantage de notre côté. Et du reste, messieurs, nous pouvons le dire ici sans qu'on nous taxe de forfanterie et de dénigrement à l'égard de nos vainqueurs, il ne faudrait pas croire que tous les officiers prussiens fussent des prodiges d'instruction spéciale. On a trop conclu à cet égard du particulier au général, et l'on a admis trop vite que les capacités évidentes des officiers d'état-major allemands et de la plupart de leurs généraux, anciens officiers d'état-major eux-mêmes, ou tout au moins anciens élèves de l'école de guerre, étaient l'apanage de tous les autres officiers. Il n'en est pas ainsi. Sous le rapport de l'instruction générale et spéciale, une grande partie d'entre nous ne craindrait pas la comparaison. — Là où notre infériorité existe, c'est dans le dressage tactique, si je peux m'exprimer ainsi, et dans les qualités professionnelles. Or cela tient à l'esprit et au caractère de la nation, à la savante organisation de l'armée et à la méthode d'instruction et de service qui s'occupe, en temps de paix, de ce qui se fait à la guerre, et ne perd jamais de vue ce but essentiellement rationnel.

Passons donc à l'école de guerre que l'Europe envie, à juste titre, à la Prusse, et avant de vous exposer la nature de son enseignement géographique, contentons-nous de savoir que l'école des officiers d'artillerie et des ingénieurs donne à ses officiers une instruction géographique complète, presque comme à l'école de guerre, et que le corps des auditeurs et commissaires des guerres exige des aspirants intendants un examen complet de géographie économique.

L'école de guerre de Berlin, dont vous connaissez tous, messieurs, l'organisation, le mécanisme et le but, comprend trois années d'études. Voici de quelle façon les connaissances géographiques y sont développées. En première année il y a par semaine 4 leçons de géographie générale, total 96 leçons. — En deuxième année, 4 leçons de géographie militaire par semaine, total 96 leçons. — En troisième année, 2 leçons, par semaine, de géographie, total 48 leçons, puis 3 leçons, par semaine de géodésie, total 72 leçons.—En tout dans les 3 années, plus de 300 leçons de géographie. Il est évident qu'il n'y a pas à comparer cet enseignement, comme qualité, avec celui de nos écoles.

Mais, pour que vous n'ignoriez pas, messieurs, les matières professées dans ces cours, et la portée des études qui y sont faites, je dois vous donner connaissance d'un document officiel prussien : c'est l'explication raisonnée du programme et de la nature de chaque cours, telle qu'elle est inscrite dans le règlement portant organisation de l'école.

Mais, messieurs, n'allez pas croire que l'enseignement géographique de l'école de guerre se borne à cette partie, déjà si étendue. Vous m'entendiez dire tout à l'heure que les principes de la géographie militaire seraient élevés pratiquement en les appliquant à des terrains présentant de l'utilité pour les guerres du pays. Cela, c'est en réalité ce que l'on nomme le voyage d'état-major. A la fin du cours, lors de l'époque des exercices pratiques au dehors, les officiers-élèves s'en vont dans une province de l'Allemagne, sous la conduite de leurs professeurs de géographie et de statistique. Ils examinent et étudient la région sous le double point de vue de la constitution de son relief, de sa surface, de ses communications et sous celui des propriétés défensives et offensives qu'elle présente. En même temps, le professeur du cours dit service et science d'état-major, supposant les opérations d'une armée, fait remplir à chacun des élèves les fonctions de chef d'état-major d'une division. Vous voyez d'ici toute l'utilité d'une pareille éducation, toute pratique, où l'art de conduire les armées trouve toutes ses applications. Ajoutons que chaque élève rédige un mémoire sur le travail exécuté, et que le corps entier reçoit l'ensemble de ce travail, de façon à se tenir au courant de toutes les investigations géographiques accomplies par les élèves. Plus tard, les officiers d'état-major du grade de capitaine font un voyage du même genre ; seulement, à cette époque, chacun d'eux accomplit les fonctions de chef d'état-major d'un corps d'armée. Des moyens personnels et matériels sont mis à leur disposition pour que les reconnaissances et la direction des unités tactiques puissent être exécutées ou accomplies en vue d'un ennemi masqué. Enfin, comme dernier moyen d'application des études géographiques, les officiers d'état-major font de fréquents voyages, par ordre, à l'étranger. Bien avant la guerre, lorsqu'il y a des probabilités de conflit, officiers d'état-major et fonctionnaires de l'intendance parcourent le pays ennemi ou le théâtre probable des opérations. Ces voyages se font par petits groupes. Les officiers, pour éloigner les soupçons, voyagent souvent avec leur famille ; c'est ainsi qu'en 1868 mon attention fut éveillée par une société de touristes qui, se cantonant dans un hôtel du col de Saint-Cergues, dans le Jura, arpentait tous les jours notre frontière entre Joux et les Rousses : l'un d'entre eux ayant eu l'imprudence de s'adresser à moi, un jour, dans mon propre terrain, au col de la Faucille, pour me demander s'il n'y avait pas moyen de passer la montagne sans passer par la route, je reconnus sans peine une physionomie des bords de la Sprée, et je donnai l'éveil aux autorités. Il était trop tard; mes pseudo-touristes avaient déjà eu le temps de visiter en détail le fort des Rousses ; on avait même remarqué qu'ils avaient fait une longue halte sur un mamelon de la Dôle, très-accessible, situé à 2,700 mètres du fort, et du haut duquel on plonge jusqu'au rez-de-chaussée des casernes de ce dernier, grâce à une différence de niveau de 175 mètres, dont on ne s'était pas préoccupé à l'époque de la construction du fort, en 1841, parce qu'on ignorait alors les futures portées des pièces de siége.

Voilà l'ensemble des moyens que les Prussiens emploient pour donner à leurs officiers d'état-major cette connaissance de la géographie, cette science du terrain et des communications que nous ne possédons qu'à un degré certainement inférieur, mais que nous acquerrons bien rapidement si nous nous décidons à reconnaître notre insuffisance sous ce rapport, à prendre quelques mesures, et surtout à sanctionner le *memento* de l'instruction dans tous les rangs de l'armée.

Puisque je suis amené à vous parler de l'école de guerre, et que je vous ai cité le programme et l'étendue de quelques-uns des cours qu'on y professe, je crois être à même de vous intéresser, messieurs, en mettant sous vos yeux le programme complet, par cours et par séances, de l'instruction qui se donne dans ce grand établissement militaire.

COURS DE L'ÉCOLE DE GUERRE

a) SCIENCES MILITAIRES OBLIGATOIRES

PREMIÈRE ANNÉE	DEUXIÈME ANNÉE	TROISIÈME ANNÉE
Tactique pure.... 4 leçons.	Tactique appliquée. 4 leçons.	
Histoire militaire, depuis les armes à feu jusqu'à la première moitié du dix-huitième siècle ... 2 leçons.	Histoire militaire, depuis le dix-huitième siècle jusqu'à la révolution française............ 2 leçons.	Histoire militaire. Guerres du dix-neuvième siècle...... 6 leçons.
Science balistique : des armes à feu portatives et des bouches à feu...... 3 leçons.	Fortification passagère............ 2 leçons.	Fortification permanente......... 2 leçons.
		Guerre de siéges et de forteresses..... 2 leçons.
		Service spécial de l'état-major...... 3 leçons.
	Levés militaires .. 1 leçon.	Géodésie........ 3 leçons.
Géographie générale.......... 4 leçons.	Géographie militaire............ 4 leçons.	
Géographie physique........... 2 leçons.		
Mathémathiques pures......... 9 leçons.	Administration ... 1 leçon.	
Français...... 6 leçons.	Français....... 6 leçons.	Français....... 4 leçons.
	Russe......... 2 leçons.	Russe......... 2 leçons.

b) COURS FACULTATIF

PREMIÈRE ANNÉE	DEUXIÈME ANNÉE	TROISIÈME ANNÉE
Histoire générale, ancienne et moyen âge........... 4 leçons.	Histoire générale, moderne et contemporaine......... 4 leçons.	Histoire de la littérature......... 4 leçons.
	Introduction à l'histoire de la philosophie......... 2 leçons.	Histoire de la philosophie........ 1 leçon.
	Chimie......... 4 leçons.	Physique....... 4 leçons.
	Mathématiques transcendantes.... 6 leçons.	Mathématiques transcendantes.... 6 leçons.

Maintenant, messieurs, revenons en France, si vous le voulez bien, et terminons ce trop long entretien par des formules pratiques. Nous avons vu ce que devait être l'enseignement géographique, ce qu'il était chez nous, et combien il s'approchait davantage de la réalité chez une nation voisine. Cherchons à dégager de cette comparaison les bases des progrès à accomplir.

Voici quelle serait, à mon sens, la série des améliorations à réaliser :

D'abord il faut que l'étude de la géographie, comme celle des langues vivantes, passe pour ainsi dire dans nos habitudes, et il n'y a qu'un moyen d'arriver à ce résultat, c'est que la géographie, toujours comme les langues vivantes, prenne une place d'honneur dans notre enseignement universitaire, place d'honneur que l'enseignement libre se prépare à lui donner, si la réorganisation de l'instruction publique se fait sur des bases libérales de concurrence, comme il y a lieu de l'espérer. Sous ce rapport, je dois vous dire, messieurs, que, d'après ce qui m'a été dit, il y a tout lieu d'espérer que nous allons essayer d'entrer dans un courant nouveau. La commission de réorganisation de l'enseignement géographique dans l'Université, commission composée de notabilités géographiques, et dans laquelle l'armée a été représentée par un de nos plus remarquables topographes, dont la renommée est européenne, le commandant Mieulet, l'auteur de la carte du mont Blanc et de celle de la Palestine, cette commission, dis-je, a présenté à l'adoption du ministre un programme d'enseignement qui ne laisse rien à désirer, et qui nous permettra un jour de n'admettre à l'examen d'officier que des jeunes gens ayant une honnête connaissance de la géographie générale. De plus, on s'occupe de créer des professeurs, au moyen d'une nouvelle section d'élèves, à l'École normale supérieure, section qui rentrera naturellement dans la section des sciences. Enfin il faut, pour cet enseignement, des livres et des moyens matériels d'instruction, c'est-à-dire des globes, des cartes et des atlas. Sous ce rapport, nous sommes encore en mesure, grâce aux publications du cours complet de géographie universelle et générale qu'a produit le célèbre géographe français Levasseur, de l'Institut.

Étant donnée cette instruction universitaire, nous demanderons à tous nos candidats des écoles militaires du gouvernement de prouver qu'ils la possèdent à fond, d'après les programmes des plus hautes classes.

Puis, aux écoles polytechnique et de Saint-Cyr, nous demandons qu'il soit fait un cours de géographie. Dans la première, vu sa destination, le cours ne sera pas exclusivement militaire; — d'ailleurs je n'ai pas à m'en occuper ; — au contraire, aux écoles formant les officiers d'infanterie, de cavalerie et d'artillerie-génie, nous pensons que le moins qu'on puisse faire, c'est de faire un cours chaque année; — la première année, on étudierait la géographie physique de la France et de l'Algérie, avec les voies de communication; — la deuxième année, on ferait la même étude des régions de l'Europe centrale. — Une quarantaine de leçons, avec des croquis d'application militaire pour chaque année, me paraît parfaitement suffisante pour donner à la masse de nos futurs officiers de toutes armes une honnête connaissance de la géographie physique du sol national et du sol européen. — Il est bien entendu que, dans cet enseignement, on étudierait les régions avec d'autant plus de détails qu'elles seraient plus rapprochées de notre désastreuse frontière; — ainsi les trois bassins du Rhin seraient décrits avec de grands détails. Quant à l'école d'état-major, ou plutôt, comme nous ne pouvons cesser de l'espérer, quant à l'école de guerre, celle où toute l'armée enverra des sujets d'élite pour recruter le corps ou le service d'état-major, et par suite le corps des chefs militaires, nous pensons qu'il serait bon que, pendant les trois années d'instruction que l'on ne peut faire autrement que de donner à cette école, on adoptât le programme suivant :

1re année. Répétition, très-augmentée et très-approfondie, de la géographie générale, physique, politique et économique.

2e année. Cours de géographie physique et militaire, comprenant l'étude de la France, sol et communications, au point de vue de leurs propriétés défensives.

3e année. Cours de géographie physique et militaire, dans le même ordre d'idées que le précédent, et s'appliquant aux bassins de l'Europe centrale. Puis, à la fin de la 2e et de la 3e année, un voyage d'état-major géographique et militaire : la première fois dans une zone de pays français ; la 2e année, autant que possible, à l'étranger ; mais cette fois sans la forme militaire, qu'il serait impossible de conserver chez des puissances jalouses ou mal disposées.

Enfin, messieurs, comme dernière demande, je formulerai celle-ci : c'est que nul officier ne puisse être admis dans le corps des administrateurs militaires sans prouver qu'il a de grandes connaissances de la géographie économique de la France et de l'Europe, et qu'il connaît bien aussi les voies de communication.

Voilà l'ensemble, et s'il pouvait être appliqué, nous assisterions certainement à une transformation radicale et heureuse non-seulement de notre instruction militaire, mais encore de nos idées et de nos préjugés ; car, messieurs, ce qui nous a perdus, c'est le manque de voyages, c'est le manque de contact avec les pays voisins, c'est le manque de connaissance de leur organisation et de leur développement scientifique. Or, en poussant à l'étude de la géographie, non-seulement dans le pays, mais surtout dans l'armée, nous aurons remédié à l'état de choses si regrettable que je vous signalais à l'instant ; car, forcés de nous intéresser à ce qui se passe au dehors, nous prendrons le goût des voyages faits plus en observateurs qu'en touristes, et nous cesserons de croire que la France n'a rien à apprendre des autres pays.

Mais, messieurs, ce bel ensemble ne peut pas se réaliser de sitôt, il faut attendre d'abord que le système de la nouvelle organisation de notre armée, si toutefois nous sommes assez heureux pour sortir du provisoire sous le rapport militaire, ait produit tout son effet, tout son jeu ; — cela ne peut se produire avant pas mal d'années. — Pendant ce temps-là, Dieu sait ce que l'avenir nous réserve, et comme nous ne sommes pas dans une situation politique à dominer les événements, mais bien à les subir tels qu'on voudra les faire en dehors de nous, je pense, avec beaucoup d'autres, qu'il faut s'occuper beaucoup de la transition entre notre état antérieur et la réorganisation qu'on nous prépare. — En d'autres termes, et pour rester dans la spécialité géographique de cet entretien, je crois qu'il faut se contenter de peu pour ce début, et que pour cet ensemble de réformes que je demandais tout à l'heure, il faut ne compter sur son entier fonctionnement que dans quelques années.

Pour le moment je me trouverais très-satisfait si je voyais doubler à l'école militaire l'enseignement de la géographie militaire ; même programme, un peu restauré peut-être, mais avec le double de leçons. Je voudrais aussi que ce cours là fût fait à l'école d'application de Fontainebleau. Enfin, pour l'école d'état-major, il me semble qu'un peu plus d'extension dans le cours relatif aux pays frontières français et étrangers, serait de la plus grande importance. Ajoutez à cette extension un voyage d'exploration géographique exécuté à la fin de l'année par les officiers-élèves, sous la direction du professeur, sur une portion intéressante de nos frontières, dans laquelle les applications militaires compléteront les données géographiques, et je crois que vous aurez, grâce à ces moyens, donné à l'armée de jeunes officiers d'état-major possédant l'éducation et l'instruction suffisantes pour leur important service.

Mais, messieurs, ce qu'il faut par-dessus tout, et je suis sûr que vous êtes tous de mon avis, c'est que dans la constitution de notre hiérarchie militaire, désormais l'instruction professionnelle, aux divers degrés, soit reconnue comme une base aussi accessoire que le caractère, le moral, les services ; — c'est qu'il y ait une sanction légale, inéluctable à ce principe, que plus l'officier avance en situation, plus l'État a le droit de s'assurer que ses moyens physiques, moraux et intellectuels sont à la hauteur des fonctions dont il est investi. Sans cette sanction, je ne crains pas de le dire, toutes les réorganisations, toutes les améliorations de programme et les créations d'écoles n'auront aucun résultat. Les élèves et les jeunes gens se livreront à un travail mnémotechnique que les années auront vite effacé, et nous n'aurons fait aucun progrès.

Enfin, messieurs, et c'est par là que je termine, il faut que nous tous, qui ne passerons plus par les établissements d'instruction, dont l'éducation n'est plus à faire, nous nous efforcions de combler les lacunes de notre bagage scientifique en fait de géographie militaire. Pour cela il nous faut des livres, des cours, des traités spéciaux, renfermant de nombreux documents, et permettant de travailler chez soi ou dans les bibliothèques et sans les professeurs, qui ne se rencontrent guère, et dont tout le monde ne peut pas accepter les leçons, par suite de son âge ou de sa situation hiérarchique.

A cet égard j'ai cherché à me rendre utile à mes camarades et à profiter, si c'était possible, de longues années d'étude géographique et de fréquents voyages dans les régions centrales de l'Europe. Comme le plus pressé est de connaître la zone terrestre qui existe entre nous et les Allemands, j'ai entrepris une étude de géographie, même de topographie militaire, de la frontière franco-allemande de 1871, c'est-à-dire l'étude orographique, hydrographique, statistique, avec la description complète des voies de communication, des bassins du Rhin moyen, de la Moselle, et de la Meuse supérieure. Plus tard, s'il plaît à Dieu, je continuerai cette œuvre, en l'étendant d'abord au reste de la France et ensuite à l'Europe centrale. Pour l'amener à bonne fin, j'ai obtenu, chose bien nouvelle, de pouvoir travailler au dépôt de la guerre, dont les riches sources sont mises à ma disposition.

Mais cela ne suffit pas, messieurs ; ayant à étudier les propriétés offensives et défensives de ces diverses régions, je suis à chaque instant amené à désirer des renseignements que seuls peuvent me donner des officiers ayant étudié ou parcouru attentivement les pays dont j'ai entrepris l'étude géographique. Dans ces conditions, messieurs, et voulant profiter de cette faculté de collaboration et de cette mise en commun du travail qui est le but poursuivi par notre réunion, je m'adresse à tous nos collègues qui pourraient, par suite de leurs études, de leurs explorations ou de leur habitation dans le pays, me donner des renseignements sur les positions militaires et les communications des régions suivantes : en France, départements de la Meuse, de la Meurthe-Moselle, des Vosges ; — en Allemagne, Lorraine allemande et Alsace, duché de Bade, palatinat du Rhin, Prusse rhénane, Hesse grand-ducale et Luxembourg. C'est surtout à nos collègues de l'état-major que j'adresse cette demande de collaboration. Leurs travaux d'inspection et les missions militaires du temps du maréchal Niel les mettent à même de pouvoir m'aider convenablement dans ce travail.

Il me reste messieurs, à vous remercier de votre bienveillante attention, et à vous prier d'excuser la dimension peut-être un peu longue de cet entretien, en raison de l'importance du sujet et de la préoccupation générale, de la part des officiers français, de se mettre tous et rapidement à hauteur non-seulement de leur mission actuelle, mais encore des éventualités militaires qui pourraient surgir en Europe.

Paris. — Imp. H. Carion, 61, rue Bonaparte.

Documents manquants (pages, cahiers...)
NF Z 43-120-13

www.ingramcontent.com/pod-product-compliance
Lightning Source LLC
LaVergne TN
LVHW021704080426
835510LV00011B/1584